SEKUNDARSTUFE I

Martin Bastkowski
Stefan Koic
Lara-Maria Schiller

Warm-ups

für den Spanisch-unterricht

Klasse 6–10

Cornelsen

Die Autor/-innen

Martin Bastkowski ist Lehrer für die Jahrgänge 5–13, Fachbereichsleiter für Fremdsprachen sowie stellvertretender Schulzweigleiter Sek I (Kollegiale Schulleitung) an einer niedersächsischen Kooperativen Gesamtschule. Zudem arbeitet er als Lehrbeauftragter in der Fachdidaktik Englisch und universitären Lehramtsausbildung am Institut für englische Sprache und Literatur an der Universität Hildesheim.
Darüber hinaus ist er bundesweit als Fortbildungsreferent im Bereich Fachdidaktik Englisch aktiv und bei verschiedenen Lehrwerken, Unterrichtsmaterialien und Fachzeitschriften als Fach- und Lehrwerksautor, Lehrwerksberater sowie Mitherausgeber tätig.
Seine Arbeitsschwerpunkte im Bereich des Englischunterrichts sind 1) bewegtes Lernen, 2) Methodenvielfalt, 3) kommunikativer Medieneinsatz, 4) Leistungsbewertung und Feedback sowie 5) Lehr- und Lernprozesse optimieren.

Stefan Koic ist Lehrer für Englisch und Wirtschaft sowie Fachbereichsleiter Sprachen und Fachleitung Englisch an einer niedersächsischen Realschule.
Zudem ist er Referent für Fachdidaktik Englisch, publizierte zahlreiche Unterrichtsbeiträge bei verschiedenen Fachzeitschriften als Fachautor und ist als Lehrwerksautor tätig.
Seine Interessensschwerpunkte umfassen Hörverstehensstrategien, Methodenvielfalt, bewegtes Lernen, freies Sprechen sowie die Einbindung der persönlichen Betroffenheit der Schüler:innen am Lerngegestand.

Lara-Maria Schiller wuchs zweisprachig auf und ist Lehrerin für Sport und Spanisch an einem niedersächsischen Gymnasium. Neben Auslandssemestern in Spanien, arbeitete sie an unterschiedlichen Schulen im Ausland. Außerdem war sie als Dozentin für Deutsch als Fremdsprache an der Georg-August-Universität Göttingen tätig. Von 2015 bis 2022 leitete sie den Fachbereich Ganztag und die Fachgruppe Spanisch an einer kooperativen Gesamtschule. Derzeit ist sie als Koordinatorin für die Sekundarstufe I an einem Gymnasium tätig. Ihre Arbeitsschwerpunkte sind die Koordinierung des Ganztags, des Förderangebots und der Inklusion.

Projektleitung: Dorothee Weylandt, Berlin
Redaktion: Louisa Pabst-Orzechowski, Glienicke
Umschlagkonzeption/Gestaltung: Jule Kienecker, Berlin
Umschlagabbildungen: Shutterstock.com/Jacob_09
Layout/technische Umsetzung: fotosatz griesheim GmbH

www.cornelsen.de

1. Auflage, 2. Druck 2022

Druck: H. Heenemann, Berlin

ISBN 978-3-589-16769-2

PEFC zertifiziert
Dieses Produkt stammt aus nachhaltig bewirtschafteten Wäldern und kontrollierten Quellen.
www.pefc.de

Inhaltsverzeichnis

Einleitung 04
Übersicht der *Calentamientos* 05
Der Einsatz von *Calentamientos* im Spanischunterricht 06

Calentamientos:
1: Todos diferentes, todos iguales 09
2: BANG 10
3: Cadena de palabras 11
4: Ronda de cumplidos 12
5: Crucigrama 13
6: Reloj de arena 14
7: Tormenta de ideas 15
8: Cuento doblado 16
9: ¡Levántate! 17
10: Choca esos cinco 18
11: Silla caliente 19
12: Frases mezcladas 20
13: Salta por encima de la línea 21
14: La palabra 22
15: Juego de molécula 23
16: El minuto perfecto 24
17: Concurso de preguntas 25
18: Carrera hacia la pizarra 26
19: Inicios de frases 27
20: Seis palabras mágicas 28
21: Cita rápida 29
22: Concurso de deletreo 30
23: Cambio de tarjetas 31
24: Tres números sobre mí 32
25: Dos verdades y una mentira 33
26: ¿Quién soy yo? 34
27: Memoria de palabra 35
28: Carrera de palabra 36
29: Serpiente de palabra 37
30: Sorteo de palabra 38
31: Palabras en el aire 39
32: Escribe en la espalda de tu compañero 40

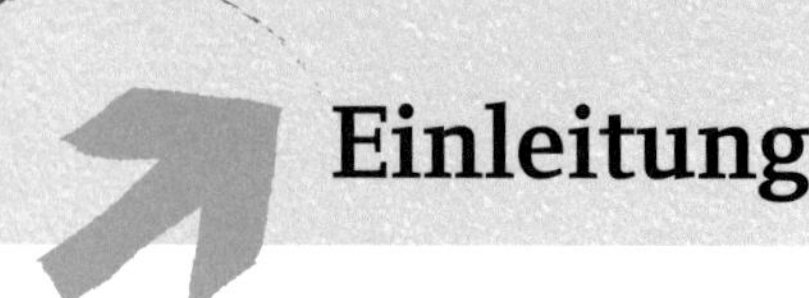

Einleitung

Mit dem vorliegenden Heft möchten wir allen Lehrkräften des Spanischunterrichts einen praktischen Ratgeber zum Einsatz von *Calentamientos* an die Hand geben. Insgesamt werden 32 verschiedene Aktivitäten für die Schuljahrgänge 6–10 vorgestellt.

Die *Calentamientos* können in vielfältiger Weise im Unterricht eingesetzt werden – als Sprech- und Schreibanlässe, für Rituale, als Training lexikalischer oder grammatischer Strukturen oder auch als Energizer. Für alle Aktivitäten gilt der Grundsatz, dass sie ohne Vorbereitung seitens der Lehrkraft sowie ohne weitere besondere Materialien (ausgenommen z. B. ein Ball) initiiert werden können.

Der Aufbau jeder *Calentamientos*-Seite folgt einem transparenten Prinzip und ermöglicht eine schnelle unterrichtliche Umsetzung. Die Bausteine sind dabei:

1. Dauer 
2. Sozialform 
3. Fokus 

Weiterhin wird jede Aktivität in wenigen Schritten übersichtlich für die Lehrkräfte dargestellt.
Um einen noch schnelleren Einsatz im Spanischunterricht zu ermöglichen, liefert dieses Heft die notwendigen Lehreranweisungen zur Umsetzung der *Calentamientos* in spanischer Sprache gleich mit.

Zusätzlich beinhaltet jede Seite als weitere Hilfestellung ein bzw. mehrere passende Beispiel(e) sowie weitere Ideen und Tipps, die man bei der Initiierung berücksichtigen sollte.

Wir wünschen Ihnen mit dem Heft viel Freude und vor allem einen sprachlich-aktiven und motivierenden Unterricht.

Martin Bastkowski, Stefan Koic und Lara-Maria Schiller

Übersicht der *Calentamientos*

Mit der vorliegenden Übersicht haben Sie die Möglichkeit, schnell das für die jeweilige Unterrichtstunde passende *Calentamiento* zu finden.

Bezeichnung	**Dauer**	**Sozialform**	**Fokus**
1: Todos diferentes, todos iguales	~ 10 min	Teamarbeit	Sprechen
2: BANG	~ 10 min	Teamarbeit	Sprechen
3: Cadena de palabras	~ 5 min	Plenum	Wortschatz / Grammatik
4: Ronda de cumplidos	5–8 min	Plenum	Sprechen
5: Crucigrama	~ 5 min	Einzelarbeit	Wortschatz
6: Reloj de arena	~ 5 min	Plenum	Sprechen
7: Tormenta de ideas	~ 5 min	Einzelarbeit	Wortschatz
8: Cuento doblado	5–10 min	Plenum	Schreiben
9: ¡Levántate!	5–10 min	Plenum	Energizer
10: Choca esos cinco	~ 5 min	Plenum	Wortschatz
11: Silla caliente	5–10 min	Plenum	Energizer
12: Frases mezcladas	~ 5 min	Einzelarbeit	Grammatik
13: Salta por encima de la línea	~ 5 min	Plenum	Energizer
14: La palabra	~ 5 min	Einzelarbeit	Wortschatz
15: Juego de molécula	5–10 min	Teamarbeit	Sprechen
16: El minuto perfecto	5–8 min	Teamarbeit	Wortschatz
17: Concurso de preguntas	~ 5 min	Teamarbeit	Energizer
18: Carrera hacia la pizarra	5–10 min	Teamarbeit	Energizer
19: Inicios de frases	~ 5 min	Einzelarbeit	Sprechen / Grammatik
20: Seis palabras mágicas	~ 10 min	Teamarbeit	Schreiben
21: Cita rápida	5–10 min	Partnerarbeit	Sprechen
22: Concurso de deletreo	5–8 min	Teamarbeit	Wortschatz
23: Cambio de tarjetas	5–10 min	Partnerarbeit	Sprechen
24: Tres números sobre mí	5–8 min	Partnerarbeit	Energizer
25: Dos verdades y una mentira	~ 5 min	Partnerarbeit	Sprechen / Energizer
26: ¿Quién soy yo?	8–10 min	Partnerarbeit	Energizer
27: Memoria de palabra	~ 5 min	Plenum	Wortschatz
28: Carrera de palabra	5–10 min	Teamarbeit	Wortschatz
29: Serpiente de palabra	5–8 min	Teamarbeit	Wortschatz
30: Sorteo de palabra	5–8 min	Teamarbeit	Wortschatz
31: Palabras en el aire	5–8 min	Partnerarbeit	Wortschatz
32: Escribe en la espalda de tu compañero	~ 5 min	Teamarbeit	Wortschatz

Der Einsatz von *Calentamientos* im Spanischunterricht

Einen **motivierenden Spanischunterricht** zu gestalten, stellt viele Lehrkräfte häufig vor große Herausforderungen. Dies zeigt sich vor allem beim Erwerb einer weiteren Fremdsprache, da die Lehrkräfte hier aufgrund des zusätzlichen sprachlichen Anspruchs besonders vielseitig und abwechslungsreich agieren müssen. Viele Spanischlehrkräfte der weiterführenden Schulen haben zudem das Gefühl, dass die Freude am Sprachenlernen – die in der Primarstufe noch vorhanden war – in der Sekundarstufe und vor allem beim Erlernen einer zusätzlichen Fremdsprache kontinuierlich abnimmt.

Nun hat dieser Umstand viele Ursachen, die oft auch nichts mit dem Spanischunterricht selbst zu tun haben. Es bleibt dennoch die **Aufgabe der Lehrkraft** , motivierende Faktoren miteinzubauen und zumindest die Grundlagen für einen kommunikativen und motivierenden Unterricht zu legen.

Der Einsatz von *Calentamientos* spielt dabei eine zentrale Rolle. Wie oft haben wir Lehrkräfte beim **Betreten des Klassenzimmers** schon die Welle an Lustlosigkeit gespürt und laufen so Gefahr, selbst die Begeisterung am Unterrichten zu verlieren. Der unterrichtsbeginnende trockene Hausaufgabenvergleich verschärft diese Tendenz noch zunehmend.

Interessanterweise agieren wir Lehrkräfte jedoch bei Dienstbesprechungen oder anderen Konferenzen, an denen wir teilnehmen, sehr ähnlich. Man möchte bestenfalls wenig selbst machen und vor allem nicht angesprochen werden.

Genau dieser **Teufelskreis** muss jedoch schnell überwunden werden. Durch den Einsatz von *Calentamientos* schaffen wir die Möglichkeit, den Beginn der Unterrichtsstunde aktivierend, bewegungsreich und humorvoll/spielerisch zu gestalten und somit den Kontakt zur Fremdsprache positiv zu besetzen.

Der Einsatz von *Calentamientos* im Spanischunterricht

Um den Teufelskreis zu überwinden und die einzelnen Aktivitäten erfolgreich durchzuführen, bedarf es verschiedener **Gelingensbedingungen**, die eingehalten werden müssen:

Gelingensbedingungen für den Einsatz von *Calentamientos*	
	offene Lernatmosphäre
	Fokus auf *fluidez* und nicht auf *exactitud*
	Beteiligung möglichst vieler Lerner/-innen
	sprachlich und inhaltlich leistbare Aufgabenformate
	klare Vermittlung der Aufgabenstellung
	exemplarisches Vormachen der Aktivität
	Lehrkraft nutzt das EAR-Konzept (E: *empatía*, A: *autenticidad*, R: *respeto*)

Eine häufig gestellte Frage ist, welcher Unterschied zwischen einem *Calentamiento* und einem **Einstieg** besteht.
Je nach Fachdidaktik wird die Beschreibung beider Phasen unterschiedlich gehandhabt.

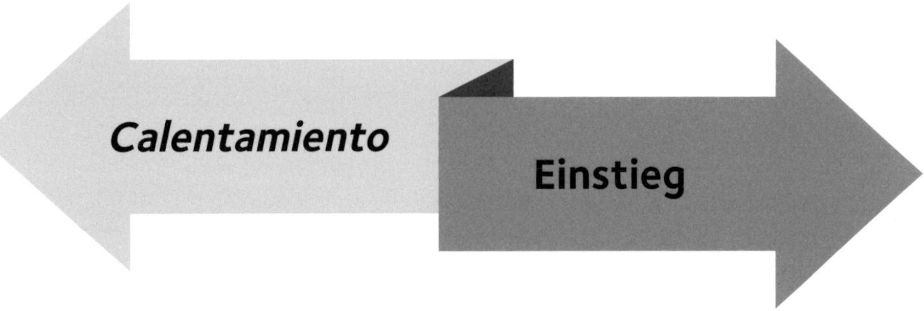

Die Autor/-innen dieses Heftes haben die klare Haltung, dass generell jede Unterrichtsstunde mit einem *Calentamiento* sowie einem Einstieg beginnen sollte. Dabei obliegt es der Lehrkraft zu entscheiden, ob das *Calentamiento* bereits das Stundenthema thematisch vorentlastet (z.B. bei *Cambio de tarjetas, carrera de palabras* oder *Salta por encima de la línea*) oder komplett autark eingesetzt wird. Im Gegensatz dazu muss der Einstieg einer Unterrichtsstunde das Vorwissen der Lernenden reaktivieren, zur Hauptphase der Stunde hinführen und vor allem thematisch einleitend sein. Diese Aufgaben kann, aber muss ein *Calentamiento* nicht erfüllen.

Der Einsatz von *Calentamientos* im Spanischunterricht

Abschließend zeigt folgende Auflistung noch einmal die **Positiva** eines Einsatzes von *Calentamientos* im Spanischunterricht auf:

Generierung einer positiven Lernatmosphäre	Energizer bzw. Aufwachfunktion	Kontaktherstellung zu den Lernern/Lernerinnen (phatische Funktion)
Motivation, Unterhaltung	Aktivierung der Lernenden	Reduzierung des Angstgefühls
spielerische Komponente	sprachliche Erfolgserlebnisse	Umsetzung des bewegten Lernens
kommunikative Umwälzung thematischer Inhalte	ritualisierter Unterricht	Steigerung des Gemeinschaftsgefühls

Hinweis *instrucciones de la tarea:*

Generell sollte jede Aufgabenstellung (*instrucciones de la tarea*) der folgenden Struktur entsprechen: 1. *contenido*, 2. *material*, 3. *tiempo*, 4. *forma social.* Natürlich ist es unser Ziel, dieses Prinzip auch in unseren Lehreranweisungen umzusetzen. Aufgrund der Kürze der Aktivitäten (im Gegensatz zu einer komplexen *tarea*) wird jedoch im Sinne der Transparenz und Effizienz die Reihenfolge teilweise verschoben, um den Ablauf flüssiger und verständlicher zu gestalten.

1. TODOS DIFERENTES, TODOS IGUALES

Dauer	Sozialform	Fokus
~ 10 min	Teamarbeit	Sprechen

Ablauf:

Schritt 1: Die Lernenden arbeiten in Dreiergruppen zusammen und zeichnen ein Dreieck auf ein leeres Blatt Papier.

Schritt 2: In einem Gespräch finden sie nun zwei Aspekte, die alle gemeinsam haben (diese werden im Inneren des Dreiecks notiert) sowie zwei Aspekte, die nur jeder allein kann oder gemacht hat.

Schritt 3: Die Ergebnisse werden im Plenum vorgestellt.

Lehrkraftanweisung:

Paso 1: Trabajad en grupos de tres. Encontrad dos cosas que tenéis en común y escribidlas en el centro. Ahora encontrad dos cosas que sólo una persona ha hecho o puede hacer. Apuntad las cosas afuera del triángulo.

Paso 2: Dibujad un triángulo en una hoja de papel vacía.

Paso 3: Presentad los resultados en clase.

Beispiel:

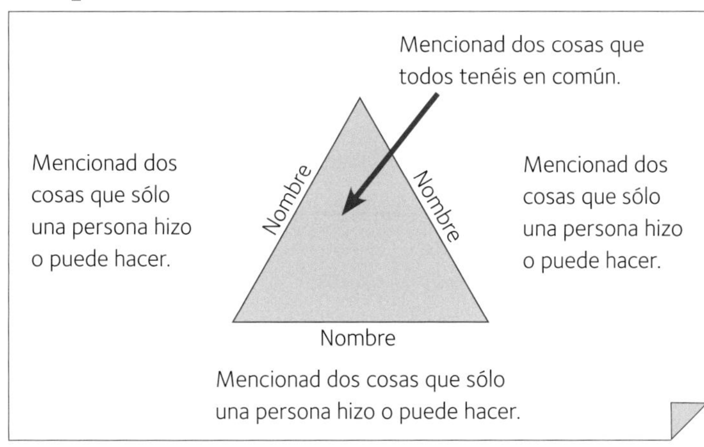

Weitere Ideen / Tipps:

- Bei den Gemeinsamkeiten sollten keine Themen verwendet werden, die allgemein-logisch sind, z. B. „Wir sind alle Schüler/-innen“ oder der Name der eigenen Schule.

2. BANG

Dauer	Sozialform	Fokus
~ 10 min	Teamarbeit	Sprechen

Ablauf:

Schritt 1: Alle Lernenden notieren zwei unterschiedliche Begriffe zu einem vorgegebenen Thema auf kleinen Papierschnipseln und legen sie in eine Box. Die Lehrkraft fügt 4–5 BANG-Papierschnipsel hinzu.

Schritt 2: Die Lerngruppe wird nun in drei gleiche Teams eingeteilt. Jeweils der/die vorne stehende Schüler/-in zieht einen Begriff aus der Box und erklärt diesen seinem Team, das ihn erraten muss.

Schritt 3: Pro Runde hat das Team 60 Sekunden Zeit. Bei jedem richtigen Begriff muss der vorne stehende Lernende nach hinten und ein/-e neue/-r Schüler/-in erklärt den Begriff. Wird allerdings „BANG" gezogen, so verliert das Team alle bisher gesammelten Punkte dieser Runde.

Lehrkraftanweisung:

Paso 1: Anotad dos palabras en trozos de papel sobre el tema _______. Voy a añadir _____ trozos de papel BANG.

Paso 2: Ahora contad de 1 a 3 para encontrar vuestro grupo. Empezamos con el grupo número 1. La persona que está delante saca un trozo de papel de la caja y trata de explicarlo. Todos los miembros del grupo pueden adivinar la palabra correcta.

Paso 3: Tenéis 60 segundos para adivinar tantas palabras como sea posible. Pero si la persona delante elige un trozo de papel BANG, vais a perder todos los puntos del grupo.

Beispiele für Themen:

- *Todos los temas tratados en clase: familia, amigos, Madrid, El Perú, Sudamérica, profesiones, mi barrio, planes de futuro, excursiones de clase, tiempos verbales, formas gramaticales,* etc.

Weitere Ideen / Tipps:

- Die Aktivität ist auch für eine spielerische Abfrage von grammatischen Phänomenen geeignet, z. B. *¿Qué es el préterito perfecto? / Nombra tres tiempos verbales pasados*, etc.
- Wenn gewünscht, können die einzelnen Gruppen einmal „*asegurar*" sagen, um die bisher gesammelten Punkte (Wörter) zu sichern.

3. CADENA DE PALABRAS

Dauer	Sozialform	Fokus
~ 5 min	Plenum	Wortschatz/Grammatik

Ablauf:

Schritt 1: Die Lehrkraft gibt ein Wort vor.

Schritt 2: Dieses Wort wird jeweils durch einen Lernenden sinnvoll um ein weiteres Wort ergänzt, bis ein vollständiger Satz daraus entstanden ist.

Schritt 3: Der nächste Lernende in der Reihe gibt ein neues Wort vor und die Lerngruppe erstellt einen neuen Satz, usw.

Lehrkraftanweisung:

Paso 1: Empiezo con una sola palabra.

Paso 2: Vuestra tarea es añadir una palabra tras otra hasta que haya una frase completa.

Paso 3: Si la frase está terminada, el siguiente empieza con una nueva palabra para una nueva frase.

Beispiel:

- *Un | hombre | está | en | una | calle | en | una | ciudad | preciosa | en | España | que | se | llama | Sevilla.*

Weitere Ideen / Tipps:

- Die Lehrkraft gibt ein bestimmtes Thema vor.
- Die Lerngruppe wird in mehrere Kleingruppen aufgeteilt und erstellt eine eigene Wortkette.
- Für anspruchsvollere Lerngruppen gibt die Lehrkraft einen ganzen Satz vor, der durch die Lernenden ebenfalls um ganze Sätze ergänzt wird. So entsteht eine ganze *cadena de cuentos.*

4. RONDA DE CUMPLIDOS

Dauer	Sozialform	Fokus
5–8 min	Plenum	Sprechen

Ablauf:

Schritt 1: Der Lerngruppe wird erklärt, dass bei der nächsten Aktivität jeder ein Kompliment über eine Charaktereigenschaft des/der jeweiligen Nachbarn/Nachbarin verbalisieren soll.

Schritt 2: Nacheinander machen die Lernenden nun dem/der jeweiligen Sitznachbarn/Sitznachbarin ein Kompliment.

Lehreranweisung:

Paso 1: Para este ejercicio tenéis que pensar en un lindo cumplido sobre la persona sentada a vuestro lado. Debe tratarse de su personalidad/carácter y no de su aspecto físico.

Paso 2: ¡Vamos! Empiezas tú ___ (nombre del alumno).

Beispiel:

- *él/élla es divertido/-a / gracioso/-a / un verdadero amigo / confiable / entretenido/-a / genial para jugar / atento/-a / inteligente / …*

Weitere Ideen / Tipps:

- Für die Durchführung dieser Aktivität muss die soziale Konstellation passend sein. Daher eignet sich die *ronda de cumplidos*, wenn sich die Lerngruppe bereits kennt.
- Achten Sie darauf, dass Charaktereigenschaften und nicht das äußere Erscheinungsbild angesprochen werden.
- Es ist Ihnen überlassen, ob Sie exemplarisch mit einem/einer Lernenden beginnen oder als letzte Person ebenfalls ein Kompliment eines Lernenden erhalten.
- Bei Fehlerhaftigkeiten interveniert die Lehrkraft gemeinsam mit der Lerngruppe anhand des Auftrags *¡Encuentra el error!*

5. CRUCIGRAMA

Dauer	Sozialform	Fokus
~ 5 min	Einzelarbeit	Wortschatz

Ablauf:

Schritt 1: Die Lehrkraft schreibt ein Wort vertikal an die Tafel.

Schritt 2: Die Lerner/-innen übernehmen das Wort auf einem Blatt Papier.

Schritt 3: Die Lerner/-innen schreiben zu jedem Buchstaben ein Wort/einen Begriff horizontal dazu. Dabei kann der Buchstabe des vorgegebenen Wortes an beliebiger Stelle auftreten.

Lehrkraftanweisung:

Paso 1: El tema de hoy es ____________.

Paso 2: Escribid esta palabra verticalmente en una hoja de papel.

Paso 3: Encontrad palabras para cada letra y escribidlas horizontalmente. La letra de la palabra dada puede aparecer en cualquier lugar.

Beispiel:

```
    I S L A   M Á G I C A
    F E R I A
C O N V E N T O
    G I R A L D A
    A L A M E D A
    F L A M E N C O
    C A T E D R A L
```

Weitere Ideen / Tipps:

- Die zu findenden Wörter müssen einschlägig zum Thema sein.
- Das Spiel kann auch in Zweier-/Dreierteams durchgeführt werden.
- Um den Schwierigkeitsgrad zu erhöhen, müssen verschiedene Wortarten verwendet werden, z. B. Adjektive, Verben, Nomen, etc.

6. RELOJ DE ARENA

Dauer	Sozialform	Fokus
~ 5 min	Plenum	Sprechen

Ablauf:

Schritt 1: Ein/-e Lerner/-in bekommt die Aufgabe, 90 Sekunden lang über ein vorgegebenes Thema im Plenum zu sprechen, z. B. *la pobreza, el amor, la amistad,* etc.

Schritt 2: Bei längerem Zögern (ca. 3 Sek.) kommt der Sitznachbar oder die Sitznachbarin an die Reihe und versucht,die restliche Zeit über dasselbe Thema zu sprechen.

Schritt 3: Gewonnen hat, wer nach Ablauf der 90 Sekunden an der Reihe ist und aktuell spricht.

Lehrkraftanweisung:

Paso 1: Una/-o de vosotros va a hablar durante 90 segundos sobre un tema.

Paso 2: Si una persona hace una pausa de más de 3 segundos, le toca a la otra persona.

Paso 3: El gandador es la persona que está hablando al final de los 90 segundos.

El tema es___________.

Beispiel:

- *vivir en una ciudad grande, la contaminación, la guerra, planear una fiesta, conocer a una persona famosa, ser una estrella de cine, el cambio climático, el plástico, planes de futuro, el peligro de las drogas,* etc.

Weitere Ideen / Tipps:

- Bei längerem Zögern ist nicht der/die Sitznachbar/-in dran, sondern die Lehrkraft bestimmt den nächsten Sprechenden.
- Zwei Lernende sprechen nacheinander über zwei unterschiedliche Themen. Es gewinnt der- oder diejenige, der am längsten ohne Zögern spricht. Sprechen beide Lernende 90 Sekunden durchgehend, gewinnen beide.
- Wenn die Aktivität einmal erfolgreich im Plenum durchgeführt wurde, kann dies im Anschluss auch selbstständig innerhalb verschiedener Gruppen parallel angewendet werden. Für die Umsetzung ist ein gleichzeitiger Beginn (Stoppen der Zeit) durch die Lehrkraft wichtig.

7. TORMENTA DE IDEAS

Dauer	Sozialform	Fokus
5–8 min	Einzelarbeit	Wortschatz

Ablauf:

Schritt 1: Die Schüler/-innen zeichnen ihre Hand auf ein Blatt Papier.

Schritt 2: Die Lehrkraft gibt ein Thema vor, z. B. *mis canciones favoritas, 5 lugares en los que me gustaría vivir en España,* etc.

Schritt 3: Die Schüler/-innen notieren in jedem Finger einen Aspekt zum vorgegebenen Thema.

Schritt 4: Die Schüler/-innen stellen ihre Ergebnisse einem Partner bzw. einer Partnerin / einer Gruppe / dem Plenum vor.

Lehrkraftanweisung:

Paso 1: Dibujad vuestra mano en una hoja de papel.

Paso 2: El tema de hoy es ____________.

Paso 3: Anotad un aspecto en cada dedo.

Paso 4: Ahora compartid vuestros resultados con un compañero de clase.

Beispiel:

- *mis canciones favoritas, mis series favoritas, mis actividades de tiempo libre preferidas, las ventajas del internet, las desventajas del internet, 5 lugares en los que me gustaría vivir en España, 5 cosas que haría con un millón de euros,* etc.

Weitere Ideen / Tipps:

- Für die Sammlung von Vor- und Nachteilen zu einem Thema können beide Hände benutzt werden.
- Einigung mit einem einem Partner/einer Partnerin auf eine gemeinsame TOP 3, die in die Handinnenfläche geschrieben wird.

8. CUENTO DOBLADO

Dauer	Sozialform	Fokus
5–10 min	Plenum	Schreiben

Ablauf:

Schritt 1: Jede/r Schüler/-in nimmt sich ein Blatt Papier. Die Lehrkraft gibt einen Satzanfang vor, den alle Lernenden aufschreiben, z. B. *Érase una vez…*

Schritt 2: Die Lernenden beenden den Satz schriftlich für sich. Jedoch nennt die Lehrkraft zwei Vorgaben, die die Lernenden im weiteren Verlauf des Satzes einbauen müssen, wie z. B. *un dipositivo digital* und *una persona famosa*. Der Zettel wird nun an den Nachbarn oder die Nachbarin weitergegeben.

Schritt 3: Die Lehrkraft nennt zwei weitere Vorgaben und die Lernenden führen die Geschichte anhand eines Satzes auf dem Blatt des Partners/der Partnerin weiter. Anschließend falten die Schüler/-innen ihr Blatt, sodass jeweils nur der zuletzt aufgeschriebene Satz zu sehen ist, und geben diesen wieder an den/die Nachbar/-in weiter. Dieser Schritt wird 6–8 mal wiederholt.

Schritt 4: Die Lernenden lesen sich gegenseitig die Geschichte, die sie in den Händen halten, vor.

Lehrkraftanweisung:

Paso 1: Muy bien, chicos. Escuchad. Cada uno de vosotros necesita una hoja de papel. Anotad el comienzo de la frase siguiente ___________________.

Paso 2: Cada uno debe terminar la frase por su cuenta. La frase debe incluir las palabras _________ y _________. Después pasad el papel al compañero de clase sentado a vuestro lado.

Paso 3: Ahora escribid una frase nueva que incluye las palabras _________ y _________. Ahora doblad el pabel para que se vea sólo la última frase y pasad el papel en sentido horario.

Paso 4: Leed el cuento a vuestra pareja.

Beispiel:

- *un dipositivo digital – una persona famosa, un recuerdo – un precio, una prenda de ropa – un color, una canción – un profesor,*
- *una comida – año, el tiempo – las temperaturas, dormir – un lugar,* etc.

Weitere Ideen / Tipps:

- Alternativ kann ein eine leistungsstarke Schülerin oder ein leistungsstarker Schüler weitere kreative Vorgaben für die einzelnen Sätze mit einbringen.
- 2–3 Lernende könnten die Story der Klasse präsentieren.

9. ¡LEVÁNTATE!

Dauer	Sozialform	Fokus
5–10 min	Plenum	Energizer

Ablauf:

Schritt 1: Ein/-e Schüler/-in stellt sich mit dem Rücken zur Tafel in Richtung der Lerngruppe. Die Lehrkraft schreibt ein Statement an die Tafel, z. B. *Levántate si tienes una mascota.*

Schritt 2: Alle Lernende, auf die die Aussage zutrifft, stehen auf. Der/die vorne stehende Schüler/-in muss nun auf Basis der aufgestandenen Lernenden erraten, was an der Tafel steht.

Schritt 3: Der/die Schüler/-in kann Fragen an die Mitschüler/-innen stellen (z. B. *¿Tiene algo que ver con amigos/ familia/…?*) bzw. sich von seinen Mitschüler/-innen helfen lassen (z. B. *Piensa en …*).

Lehrkraftanweisung:

Paso 1: Una persona tiene que adivinar la frase que voy a anotar en un momento en la pizarra. Necesito un voluntario que venga al frente de la clase.

Paso 2: Para todos: Si la frase es cierta para ti, levántate. Y ojo, no des ninguna pista todavía.

Paso 3: Para el voluntario: Ahora puedes hacer preguntas para averiguar la frase. Todos los demás pueden dar pistas y ayudar.

Beispiel:

- *Levántate si tienes una mascota / te gusta hacer los deberes / has estado en Sudamérica / te gusta comer pizza / tienes hermanos /* etc.

Weitere Ideen / Tipps:

- Alternativ treten zwei Teams gegeneinander an (Wettkampf) oder es müssen mehrere Items erraten werden (z. B. *hermano y mascota*).
- Um schneller Erfolge zu erzielen, kann das Thema weiter eingeschränkt werden.

10. CHOCA ESOS CINCO

Dauer	Sozialform	Fokus
~ 5 min	Plenum	Wortschatz

Ablauf:

Schritt 1: Die Lehrkraft fragt nach fünf Wörtern zu einem bestimmten Thema, z. B. *habitaciones en una casa, colores, animales*, etc.

Schritt 2: Die Schüler/-innen nennen ein Wort und rufen sich gegenseitig in Form einer Meldekette auf.

Lehrkraftanweisung:

Paso 1: Decidme 5 palabras que tengan algo que ver con ____________.

Paso 2: Di una palabra y luego elige a un compañero de clase.

Beispiel:

- *animales, material escolar, vacaciones, amor, amistad, fruta y verdura, visita al médico, Madrid, México, deporte, moda*, etc.

Weitere Ideen / Tipps:

- Eine/-e Schüler/-in kann 5 Wörter allein nennen.
- Im Vorfeld könnten *Choca esos cinco* Karten erstellt werden. Bei dieser Variation laufen die Lernenden im Klassenraum umher und beantworten die *Choca esos cinco* Karten jeweils im dialogischen Gespräch. Anschließend werden die Karten getauscht und ein Partner bzw. Partnerin wird gesucht.

11. SILLA CALIENTE

Dauer	Sozialform	Fokus
5–10 min	Plenum	Energizer

Ablauf:

Schritt 1: Zwei Schüler/-innen setzen sich mit dem Rücken zur Tafel vor die Klasse.

Schritt 2: Die Lehrkraft schreibt je ein Wort aus dem Alltag der Lernenden an die Tafel, z. B. *coche, piso, librería,* etc., sodass sie es nicht sehen können.

Schritt 3: Die Lernenden, die vor der Tafel sitzen, stellen Fragen an die Lerngruppe zu ihrem Wort, die mit „Ja“ oder „Nein“ beantwortet werden können. Bei einem „Ja“ dürfen sie weiter fragen, bei einem „Nein“ ist der/die nächste Schüler/-in an der Reihe.

Lehrkraftanweisung:

Paso 1: Necesito dos voluntarios. Sentaos delante de la pizarra, mirando al grupo.

Paso 2: Hay una palabra detrás de vosotros en la pizarra. Tenéis que adivinar qué palabra es.

Paso 3: Haced preguntas que puedan ser contestadas por vuestros compañeros con un sí o un no.

Beispiel:

- *manzana, fresa, cereza, casa, piso, biblioteca, cable, baño, cocina, cocodrilo, jirafa, león, vestido, camiseta, calcetines, moto, coche, bicicleta,* etc.

Weitere Ideen / Tipps:

- Die beiden Lernenden gehen kurz vor die Tür. In dieser Zeit kann sich die Lerngruppe auf die zu erratenden Wörter einigen.
- Um für Wettbewerbscharakter innerhalb der gesamten Lerngruppe zu sorgen, wird die Lerngruppe in zwei Teams aufgeteilt.
- Es ist sinnvoll, Wörter auszuwählen, die gerade im Unterricht behandelt wurden und im Lehrbuch oder Wortschatzverzeichnis nachzulesen sind.

12. FRASES MEZCLADAS

Dauer	Sozialform	Fokus
~ 5 min	Einzelarbeit	Grammatik

Ablauf:

Schritt 1: Die Lehrkraft schreibt einen Satz an die Tafel, in dem die Wörter in verkehrter Reihenfolge stehen.

Schritt 2: Die Lernenden bringen den Satz in die richtige Reihenfolge.

Lehrkraftanweisung:

Paso 1: Desafortunadamente esta frase está en un orden confuso.

Paso 2: Ponedla en el orden correcto.

Beispiel:

- *El mientras duchaba me teléfono sonó = Mientras me duchaba, sonó el teléfono.*

Weitere Ideen / Tipps:

- Die Lehrkraft schreibt mehrere *frases mezcladas* an die Tafel. Gewonnen hat, wer zuerst alle Sätze korrekt gelöst hat. Je nach Bedarf kann ein Zeitlimit festgelegt werden.
- Alternativ kann auch *palabras mezcladas* durchgeführt werden. Bei dieser Variante sind Buchstaben eines Wortes durcheinander geraten und müssen in die richtige Reihenfolge gebracht werden, so z. B. *lopeta = pelota, loueab = abuelo*, etc.

13. SALTA POR ENCIMA DE LA LÍNEA

Dauer	Sozialform	Fokus
~ 5 min	Plenum	Energizer

Ablauf:

Schritt 1: An zwei gegenüberliegenden Wänden werden die Schilder SÍ und NO befestigt. Alle Lernenden (bzw. wechselnde Gruppen) stellen sich zwischen beiden Schildern in die Mitte des Raumes.

Schritt 2: Zu jedem von der Lehrkraft vorgegebenen Statement (z. B. *Me gusta jugar al fútbol*) positionieren sich die Schüler/-innen entsprechend ihrer Meinung.

Schritt 3: Nach jeder Runde begründen die Schüler/-innen, warum sie zu SÍ oder NO gegangen sind, z. B. *Elegí SÍ porque me gusta hacer deporte.*

Lehrkraftanweisung:

Paso 1: Como podéis ver, he puesto dos señales (sí/ no) en dos paredes opuestas. Poneos en la mitad del aula (todos o un número seleccionado de alumnos).

Paso 2: Escuchad mi frase y ved a la señal de sí si estáis de acuerdo o no si no estáis de acuerdo.

Paso 3: De acuerdo, echemos un vistazo a esto. A los alumnos: ¿Por qué elegistéis sí o no?

Beispiel:

- *Me gustaría ser un actor o una actriz en el futuro / Siempre ayudo a mis padres en casa / Me encantaría pasar un año en el extranjero*, etc.

Weitere Ideen / Tipps:

- Ein/-e Schüler/-in übernimmt die Rolle der Lehrkraft und gibt selbst Statements vor.
- Statt SÍ und NO ist auch eine Positionierung zwischen zwei anderen Kategorien möglich, z. B. *me gusta / no me gusta* oder *siempre / nunca.*

14. LA PALABRA

Dauer	Sozialform	Fokus
~ 5 min	Einzelarbeit	Wortschatz

Ablauf:

Schritt 1: Die Lehrkraft notiert ein langes Wort an der Tafel.

Schritt 2: In Einzelarbeit probiert jede/-r Schüler/-in, so viele neue Wörter wie möglich aus dem vorgegebenen Wort zu bilden. Dabei dürfen ausschließlich die Buchstaben des Wortes verwendet werden.

Schritt 3: Gewinner ist der- oder diejenige, der/die die meisten Wörter bilden konnte.

Lehrkraftanweisung:

Paso 1: Echad un vistazo a esta palabra ________

Paso 2: Tradad de hacer tantas palabras nuevas como sea possible utilizando sólo las letras de la palabra en la pizarra.

Paso 3: El ganador es el que encuentra el mayor número de palabras.

Beispiel:

- *electrodoméstico* → *disco, doctor, mes, oro,* etc.

Weitere Ideen / Tipps:

- Alternativ kann das Wort auch als Akrostichon verwendet werden und die Lernenden finden jeweils einschlägige Begriffe zum Thema heraus.

15. JUEGO DE MOLÉCULA

Dauer	Sozialform	Fokus
5–10 min	Teamarbeit	Sprechen

Ablauf:

Schritt 1: Alle Lernenden laufen im Klassenraum umher. Die Lehrkraft nennt ein gängiges Thema (*pasatiempo, familia, vacaciones, escuela*) und eine Zahl (2–4), nach der die Lernenden schnell kleine Gruppen bilden.

Schritt 2: In ihren Gruppen unterhalten sich die Schüler/-innen für 60 Sekunden über das gewählte Thema.

Schritt 3: Die Aktivität beginnt nun wieder von vorne und die Lehrkraft nennt eine neue Zahl und ein neues Thema.

Lehrkraftanweisung:

Paso 1: Caminad por el aula y escuchadme. Si digo_____ (un número), encontraos en grupos de ______ (mismo número).

Paso 2: Hablad 60 segundos en vuestros grupos sobre el tema _______.

Paso 3: Caminad por el aula de nuevo y escuchad mi nuevo número y hablad sobre el nuevo tema.

Beispiel:

- *casa/piso, ciudad, personas con las que vives, hermanos, familia, mascotas, sabor de helado favorito, fiestas, ir de compras*, etc.

Weitere Ideen / Tipps:

- Diese Aktivität eignet sich sehr gut zur Vorbereitung auf die Sprechprüfungen.

16. EL MINUTO PERFECTO

Dauer	Sozialform	Fokus
5–8 min	Teamarbeit	Wortschatz

Ablauf:

Schritt 1: Die Lernenden werden in 3–4 Gruppen eingeteilt.

Schritt 2: Die Lehrkraft gibt jeder Gruppe ein anderes Thema vor, z. B. *cosas en la cocina, trabajos afuera, actividades de tiempo libre,* etc.

Schritt 3: Die einzelnen Gruppen haben nacheinander jeweils eine Minute Zeit, so viele Begriffe zu ihrem Thema zu nennen wie möglich. Gewonnen hat die Gruppe mit den meisten Begriffen zu ihrem Thema.

Lehrkraftanweisung:

Paso 1: Cada grupo tiene un tema y cada miembro del grupo tiene que tartar de decir tantas palabras como sea possible. Las palabras tienen que ver algo con el tema.

Paso 2: Cada grupo tiene 60 segundos para decir todas las palabras que tienen en mente. Escogeos el uno al otro y no gritéis.

Paso 3: Contad de 1 a 4 y encontrad vuestros grupos. El tema para el primer grupo es_____.

Beispiel:

- *monumentos famosos, cosas en tu habitación, dispositivos digitales, asignaturas, películas de acción, medios de transporte, lugares en tu instituto, géneros cinematográficos,* etc.

Weitere Ideen / Tipps:

- Die Zeit läuft erst dann, wenn sich der/die erste Lerner/-in einer Gruppe gemeldet und einen passenden Begriff zum Thema gesagt hat.
- Damit die Lernenden einer Gruppe die Wörter nicht durcheinander rufen, müssen sie sich gegenseitig das Wort erteilen.
- Bei Gleichstand zwischen mehreren Gruppen folgt eine Schätz- oder Ratefrage.

17. CONCURSO DE PREGUNTAS

Dauer	Sozialform	Fokus
~ 5 min	Teamarbeit	Energizer

Ablauf:

Schritt 1: Die Lernenden werden in zwei Teams aufgeteilt.

Schritt 2: Jedes Team stellt eine/-n Vertreter/-in vor die Tafel.

Schritt 3: Die beiden vorne stehenden Schüler/-innen bekommen nacheinander jeweils 90 Sekunden Zeit, um Wörter als Zeichnungen an die Tafel zu bringen und von seinem Team erraten zu lassen.
Dazu erhalten sie von der Lehrkraft vor Beginn der Zeit jeweils ein Wort.
Das Team mit den meisten erratenen Wörtern gewinnt.

Lehrkraftanweisung:

Paso 1: Vais a jugar en dos equipos.

Paso 2: Cada grupo manda una persona a la pizarra.

Paso 3: Ambos personas tienen 90 segundos para dibujar la palabra en la pizarra y para que el grupo la adivine. El equipo con la mayoría de palabras adivinadas va a ganar.

Beispiel:

- *bombero, estación de bomberos, cambio, rascacielos, parque zoológico, puente, avenida, acera, escuela, móvil, coche, bicicleta, autobús, avión,* etc.

Weitere Ideen / Tipps:

- Für eine bessere Übersicht ist es sinnvoll, die Gruppe räumlich in der Mitte zu teilen.
- Geben Sie die Möglichkeit, die Zeichenversuche vor dem anderen Team zu verstecken, indem sie bspw. auf Tafelrückseiten erfolgen. Der Punkt geht dann an die Gruppe, die das Wort zuerst errät.
- Damit die Lernenden einer Gruppe die Wörter nicht durcheinander rufen, müssen sie sich gegenseitig aufrufen.
- Bei Gleichstand zwischen den beiden Teams erfolgt eine Schätz- oder Ratefrage.

18. CARRERA HACIA LA PIZARRA

Dauer	Sozialform	Fokus
5–10 min	Teamarbeit	Energizer

Ablauf:

Schritt 1: Die Lehrkraft teilt alle Schüler/-innen in 4–5 Gruppen ein und vergibt jedem Schüler bzw. jeder Schülerin pro Gruppe eine jeweils andere Zahl.

Schritt 2: Nun wird allen die Aufgabenstellung genannt und eine Nummer ausgerufen. Die Lerner/-innen mit dieser Nummer, rennen zur Tafel und notieren die Antwort.

Schritt 3: Die Runden werden mit anderen Nummern fortgesetzt. Es gewinnt die Gruppe mit den meisten Punkten (jeweils am schnellsten notierten richtigen Antworten).

Lehrkraftanweisung:

Paso 1: Trabajad en grupos de 4 o 5 personas. Cada miembro del grupo tiene asignado un número. Tened el número en mente y no lo olvidéis.

Paso 2: Eschuchad bien mi tarea: Lo siguiente número de cada grupo ahora pueden correr a la pizarra y anotar la respuesta. Es el número ______.

Paso 3: ¡Excelente! Vale, seguimos con la siguiente tarea y número.

Beispiel:

- *preguntas culturales (e.j. ¿Dónde se puede ver el Museo del Prado?)*
- *preguntas léxicas (e.j. Estoy buscando un dispositivo que me permite enviar mensajes y llamar a otras personas),* etc.

Weitere Ideen / Tipps:

- Wie auch schon bei der BANG-Aktivität lässt sich *Carrera hacia la pizarra* auch für eine spielerische Abfrage von grammatischen Phänomenen sehr gut einsetzen, z.B. *bueno – mejor –* ___________?
- Achten Sie unbedingt darauf, dass Sie die räumlichen Gegebenheiten für den Lauf zur Tafel ermöglichen (z.B. Taschen, Stühle etc. zur Seite stellen).

19. INICIOS DE FRASES

Dauer	Sozialform	Fokus
~ 5 min	Einzelarbeit	Sprechen / Grammatik

Ablauf:

Schritt 1: Die Lehrkraft schreibt einen Satzanfang an die Tafel.

Schritt 2: Die Lernenden bringen den Satz mündlich zu Ende.

Schritt 3: Die Lernenden erklären, warum sie sich für ihre Variante entschieden haben.

Lehrkraftanweisung:

Paso 1: Aquí tenéis inicios de la frase.

Paso 2: Terminad las frases como queráis.

Paso 3: Explicad por qué lo habéis terminado de esta manera.

Beispiel:

- *El amor es…, Un amigo es…, Mi gran sueño es…, Desería poder…, Lo único que quiero para Navidad es…, Si pudiera volar…, Me gustaría…, Si ganase un millón …, Siempre me siento bien cuando…*, etc.

Weitere Ideen / Tipps:

- Lernende geben die Satzanfänge an der Tafel vor.
- Es können zu Beginn Hinweise gegeben werden, die für korrekte Sätze zu beachten sind. Diese können dazu beitragen, dass weniger Fehler gemacht werden.
- Am Ende können die Sätze von den Schüler/-innen auf Richtigkeit geprüft werden.

20. SEIS PALABRAS MÁGICAS

Dauer	Sozialform	Fokus
~ 10 min	Teamarbeit	Schreiben

Ablauf:

Schritt 1: Die Lernenden setzen sich in Kleingruppen (ca. drei pro Gruppe) zusammen.

Schritt 2: Jede Gruppe erhält sechs einschlägige Wörter zum Unterrichtsthema; davon jeweils zwei Nomen, Adjektive und Verben.

Schritt 3: Anhand dieser sechs Wörter erstellen die Lerner/-innen eine Geschichte, in der alle Begriffe enthalten sein müssen.

Lehrkraftanweisung:

Paso 1: Mirad – Estas son las palabras mágicas ________ sobre el tema _______.

Paso 2: Trabajad en grupos de tres. Cread en el grupo una historia corta juntos utilizando las seis palabras mágicas.

Beispiel:

- Beispiel 1: *el misterio, empujar, nuevo, el accidente, para, aterrador*
- Beispiel 2: *Madrid, comprar, grande, el avión, olvidar, triste*

Weitere Ideen / Tipps:

- Es können alternativ auch andere Wortarten verwendet werden, z. B. Quantoren: *detrás*, Präpositionen: *under* oder Adverbien: *cuidadosamente*.
- Je nach Lernniveau kann ein Minimum an Wörtern für die Geschichte vorgegeben werden.

21. CITA RÁPIDA

Dauer	Sozialform	Fokus
5–10 min	Partnerarbeit	Sprechen

Ablauf:

Schritt 1: Die Lehrkraft zählt die Hälfte der Klasse numerisch ab, z. B. 1–14.

Schritt 2: Die abgezählten Schüler/-innen stellen sich vor der Tafel in einer Reihe auf und zeigen mit den Fingern ihre Nummer an. Zweistellige Zahlen werden durch Kreisbewegungen der Einerzahlen angezeigt, z. B. wird eine 12 durch eine sich kreisende 2 angezeigt. Anschließend zählt die Lehrkraft die andere Hälfte der Klasse ab und die betreffenden Schüler/-innen ordnen sich jeweils ihrem Partner / ihrer Partnerin zu.

Schritt 3: Die Lehrkraft gibt Thesen vor, über die die Lernenden dann jeweils 60 Sekunden miteinander sprechen/diskutieren, z. B. *Los alumnos en Alemania deben llevar uniformes escolares/ Las drogas deben ser legalizadas*, etc. Anschließend bewegt sich jede/-r Lernende eine Position nach rechts zu einem neuen Partner bzw. Partnerin und die Zeit läuft erneut.

Lehrkraftanweisung:

Paso 1: ¡Escuchad! Voy a dar a algunos de vosotros un número entre 1 y ______.

Paso 2: Si tenéis un número formad una línea en frente de la pizarra y mostrad vuestro número con los dedos. Es vuestro número superior a 10, mostrad la segunda cifra con un movimiento circular. Entonces voy a dar números de 1 a ___ a los demás. Encontrad a vuestra pareja con el mismo número delante de la pizarra.

Paso 3: Tenéis 60 segundos para hablar con vuestro compañero sobre el tema. Después moveos una posición a la derecha para hablar con un compañero nuevo. La afirmación es ___________.

Beispiel:

- *Los alumnos en Alemania deben llevar uniformes escolares/ Las drogas deben ser legalizadas / Los teléfonos móviles deben ser prohibidos en la escuela*, etc.

Weitere Ideen / Tipps:

- Die Lehrkraft nennt den Schüler/-innen in jeder Runde ein neues Statement.
- Bei einer ungeraden Zahl entwirft der/die Schüler/-in gemeinsam mit der Lehrkraft Fragen für das *cita rápida*.

22. CONCURSO DE DELETREO

Dauer	Sozialform	Fokus
5–8 min	Teamarbeit	Wortschatz

Ablauf:

Schritt 1: Die Schüler/-innen werden in zwei Teams aufgeteilt und stellen sich in zwei Reihen vor die Tafel.

Schritt 2: Die Lehrkraft gibt jedem Team im Wechsel ein Wort vor, welches der/die vordere Schüler/-in an die Tafel schreibt. Ist das Wort richtig geschrieben, stellt sich der Schüler oder die Schülerin wieder hinten an. Ist es falsch geschrieben, setzt er/sie sich auf seinen/ihren Platz. Das Team, welches zuerst keine Spieler/-innen mehr hat, verliert.

Lehrkraftanweisung:

Paso 1: Vais a jugar en dos equipos. Contad de 1 a 2 y poneos con vuestro grupo en una línea delante de la pizarra.

Paso 2: Cada equipo recibe alternando una palabra. La primera persona en la línea tiene que escribir la palabra en la pizarra. Si la persona escribe la palabra correctamente se va al final de la línea. Si no se sienta. El último equipo que quede en pie gana.

Beispiel:

- *espectacular, adjunto, jamón, mapa, cronología, familiares, muebles, izquierda, arriba, guión, divorcio, prejuicio, población,* etc.

Weitere Ideen / Tipps:

- Um alle Schüler/-innen über die gesamte Zeit mitspielen zu lassen, setzen sie sich bei falscher Schreibweise nicht hin, sondern stellen sich dennoch wieder hinten an. Es gewinnt dann das Team mit den meisten richtigen Wörtern am Ende der Zeit/mit Erreichen einer bestimmten Anzahl richtig geschriebener Wörter.
- Es kann die Regel vereinbart werden, dass das jeweilige Team dem/der Lernenden, der gerade an der Reihe ist, helfen darf.
- Es ist sinnvoll, Wörter auszuwählen, die gerade im Unterricht behandelt wurden und im Wortschatzverzeichnis nachzulesen sind.
- Alternativ werden die Wörter im Plenum buchstabiert und von den Schüler/-innen in Einzelarbeit aufgeschrieben.

23. CAMBIO DE TARJETAS

Dauer	Sozialform	Fokus
5–10 min	Partnerarbeit	Sprechen

Ablauf:

Schritt 1: Die Schüler/-innen erstellen selbst Fragekarten zu einem Themengebiet, z. B. Medien, Sport, Freizeit, etc.

Schritt 2: Alle Schülerinnen und Schüler laufen im Klassenraum umher. Die Fragen werden jeweils im dialogischen Gespräch vorgelesen und anschließend vom Partner / von der Partnerin beantwortet.

Schritt 3: Dann tauschen die Paare die Karten, ein/e neue/-r Partner/-in wird gesucht und die neuen Fragen werden gestellt und beantwortet.

Lehrkraftanweisung:

Paso 1: Cread una tarjeta de pregunta sobre el tema ___________.

Paso 2: Caminad por la clase y haced la pregunta de la tarjeta a otro compañero de clase. Él tiene que responderla. Entonces tu pareja te hará su pregunta.

Paso 3: Ahora intercambiad las cartas y hacedle a otro compañero de clase vuestra nueva pregunta.

Beispiel:

- *actividades de tiempo libre, sobre la semana pasada/las vacaciones/intercambios, planes para esta semana, comida favorita, hábitos relacionados con los medios,* etc.

Weitere Ideen / Tipps:

- Für einen intensiveren kommunikativen Austausch werden die Fragen zweimal beantwortet – vom Partner bzw. der Partnerin und einmal vom Fragesteller oder der Fragestellerin.

24. TRES NÚMEROS SOBRE MÍ

Dauer	Sozialform	Fokus
5–8 min	Partnerarbeit	Energizer

Ablauf:

Schritt 1: Die Lernenden arbeiten in Partnerarbeit zusammen.

Schritt 2: Jede Schülerin und jeder Schüler überlegt sich drei Nummern, die etwas für sie/ihn bedeuten, und teilt sie dem Partner / der Partnerin mit. Diese/r errät die Bedeutung der Nummern.

Schritt 3: Im Plenum können einige Beispiele vorgestellt und erraten werden.

Lehrkraftanweisung:

Paso 1: Pensad en tres números que significan algo para ti.

Paso 2: Vais a trabajar en parejas ahora. Díle a tu pareja tus tres números. La pareja tiene que averiguar lo que significan.

Paso 3: Presentad vuestros números en clase para que los compañeros de clase puedan adivinar sus significados.

Beispiel:

- *número de camiseta, número de casa, cumpleaños, número de hermanos, edad de los padres, número de los videojuegos en casa,* etc.

Weitere Ideen / Tipps:

- Alternativ kann auch *Tres lugares* durchgeführt werden. Hier muss nicht die Bedeutung einer Zahl, sondern eines Ortes erraten werden, z. B. *Mercado navideño (conociste a Papá Noel),* Hamburgo *(hiciste un paseo en barco),* etc.

25. DOS VERDADES Y UNA MENTIRA

Dauer	Sozialform	Fokus
~ 5 min	Partnerarbeit	Sprechen / Energizer

Ablauf:

Schritt 1: Jede Schülerin und jeder Schüler überlegt sich drei Sätze, wovon zwei der Wahrheit entsprechen und ein Satz eine Lüge ist.

Schritt 2: Alle drei Sätze werden einem Partner bzw. einer Partnerin vorgestellt. Dieser muss die Lüge erraten. Anschließend werden die Rollen getauscht.

Schritt 3: Freiwillige Lernende stellen ihre Sätze im Plenum vor und lassen die Klasse abstimmend erraten, welcher Satz die Lüge gewesen ist.

Lehrkraftanweisung:

Paso 1: Pensad en tres frases, una es una mentira y dos son verdaderas.

Paso 2: Trabajad en parejas ahora. Presentad las tres frases a vuestra pareja que tiene que averiguar la mentira.

Paso 3: Echemos un vistazo si vuestros compañeros de clase también descubren la mentira. Presentad las tres frases a vuestra clase.

Beispiel:

- Beispielsätze: *Tengo un perro en casa. Mi color favorito es verde. Tengo tres hermanas.*

Weitere Ideen / Tipps:

- Die Lehrkraft gibt am Anfang einer Stunde drei Sätze als Wiederholung der letzten Stunde vor (2 richtig, 1 falsch).
- Die Lernenden denken sich in Partnerarbeit jeweils vier wahre und einen falschen Satz aus und stellen diese einer anderen Partnergruppe vor, die den falschen Satz herausfinden muss.

26. ¿QUIÉN SOY YO?

Dauer	Sozialform	Fokus
8–10 min	Partnerarbeit	Energizer

Ablauf:

Schritt 1: Jede Schülerin und jeder Schüler überlegt sich den Namen einer prominenten Persönlichkeit.

Schritt 2: In Partnerarbeit erraten die zwei Lernenden durch gegenseitiges Fragen die jeweilige prominente Persönlichkeit. Die Lehrkraft kann bei Bedarf vorher *Andamiaje* an der Tafel notieren (*„Es mayor que…“; „Es famoso por…“*).

Lehrkraftanweisung:

Paso 1: Piensa en el nombre de una famosa celebridad.

Paso 2: Trabajad en parejas. Intenta encontrar el nombre de la celebridad de tu pareja preguntando preguntas que pueden ser respondidas con un „sí“ o un „no“.

Beispiel:

- *George Clooney, Heidi Klum, Marco Reus, Angela Merkel, Queen Elizabeth, Dieter Bohlen, Donald Trump*, etc.

Weitere Ideen / Tipps:

- 3–4 Lernende setzen sich vor die Tafel. Die Lehrkraft schreibt nacheinander Namen einer bekannten Persönlichkeit an die Tafel, die von den vorne sitzenden Schülerinnen und Schülern erraten werden müssen. Dafür geben die anderen Schülerinnen und Schüler jeweils Hinweise und Tipps (z. B. *Ella es una famosa estrella de cine*, etc.).

27. MEMORIA DE PALABRA

Dauer	Sozialform	Fokus
~ 5 min	Plenum	Wortschatz

Ablauf:

Schritt 1: Die Lehrkraft schreibt 7–8 nummerierte Begriffe untereinander an die Tafel.

Schritt 2: Die Lehrkraft zeigt nacheinander, von oben nach unten, auf die Begriffe. Die Lernenden sprechen die Begriffe gemeinsam im Chor.

Schritt 3: Pro Runde wischt die Lehrkraft 1–2 Begriffe weg, die Nummern bleiben jedoch an der Tafel stehen. Die Lehrkraft zeigt wieder nacheinander, von oben nach unten, auf die Begriffe und die Lernenden sprechen sie im Chor.

Lehrkraftanweisung:

Paso 1: ¡Escuchad! Estas son nuestras palabras para hoy.

Paso 2: Señalo una palabra y la pronunciamos todos juntos en voz alta.

Paso 3: Ahora faltan unas palabras. Pero quizás aún recordáis las palabras. Seguid hablando en voz alta.

Beispiel:

1. un armario	**1. un armario**
2. un cojín	**2. un cojín**
3. un espejo	**3.**
4. una cama	**4. un espejo**
5. una lámpara	**5. una lámpara**
6. una alfombra	**6. una alfombra**
7. un escritorio	**7.**
8. una mesa	**8. una mesa**

Weitere Ideen / Tipps:

- Sprechen Sie in der ersten Runde alle Wörter einmal vor, damit die richtige Aussprache sichergestellt ist. Sie können wie folgt anfangen: „*Repetid después de mí*“. Zeigen Sie auf das erste Wort und sprechen es vor. Die Lernenden wiederholen das Wort. Anschließend zeigen Sie auf das zweite Wort, sprechen es vor, etc.
- Auch Verbkonjugationen können auf diese Weise eingeübt oder gefestigt werden.
- Dieses *Calentamiento* eignet sich hervorragend als Einführung oder Wiederholung des Wortschatzes.

28. CARRERA DE PALABRA

Dauer	Sozialform	Fokus
5–10 min	Teamarbeit	Wortschatz

Ablauf:

Schritt 1: Die Lehrkraft teilt alle Schüler/-innen in zwei Gruppen ein, die sich jeweils an den beiden Seiten der Tafel hintereinander aufstellen.

Schritt 2: Die Schüler/-innen haben nun 90 Sekunden Zeit, so viele Begriffe wie möglich zu einem von der Lehrkraft vorgegeben Thema nacheinander an die Tafel zu schreiben.

Schritt 3: Nun folgt der Vergleich beider Tafelhälften und von beiden Gruppen verwendete Wörter werden gestrichen. Gewonnen hat die Gruppe, die die meisten (sich nicht doppelnden) Wörter notiert hat.

Lehrkraftanweisung:

Paso 1: Tenéis 90 segundos para escribir tantas palabras como sea posible sobre el tema en la pizarra. Escribid las palabras uno tras otro.

Paso 2: Contad de 1 a 2 para dividir la clase en dos grupos. Cada grupo se pone detrás de un lado de la pizarra.

Paso 3: Ahora vamos a comparar los resultados. Todas las palabras que han sido anotadas por ambos equipos serán eliminadas. El ganador es el grupo que tiene más palabras individuales.

Beispiel:

- *dispositivos digitales, lugares para visitar en Barcelona o Mallorca, muebles, actividades para el fin de semana, géneros cinematográficos, equipo que necesitas para un trabajo,* etc.

Weitere Ideen / Tipps:

- Wenn die Schulausstattung keine Tafelhälften mehr anbietet, können auch einfach zwei A3-Blätter verwendet werden.
- Die Lehrkraft entscheidet, ob fehlerhafte Wörter gezählt werden dürfen.

29. SERPIENTE DE PALABRA

Dauer	Sozialform	Fokus
5–8 min	Teamarbeit	Wortschatz

Ablauf:

Schritt 1: Die Lernenden werden in zwei Teams aufgeteilt und stellen sich in zwei Reihen an die beiden Tafelenden, bzw. an zwei Tafeln im Raum.

Schritt 2: Die Lehrkraft gibt ein Wort vor. Die beiden vorderen Lerner/-innen beider Teams müssen mit dem letzten Buchstaben des Wortes ein neues Wort beginnen und an die Tafel schreiben, z. B. *alumno* → *oceáno* → *amiga* → *avión,* etc. Dafür haben die Lernenden 90 Sekunden Zeit.

Schritt 3: Die beiden vorderen Lerner/-innen stellen sich hinten an und zwei neue Lerner/-innen finden mit dem letzten Buchstaben des nun letzten Wortes ein neues Wort, z. B. *alumno* → *oceáno* → *oso, amiga* → *avión* → *novedad,* etc. Eine Schülerin oder ein Schüler der jeweils anderen Gruppe zählt mit. Das Team mit der längsten *serpiente de palabra* am Ende der Zeit gewinnt.

Lehrkraftanweisung:

Paso 1: Vais a jugar en dos equipos. Contad de1 a 2 para dividir la clase en dos grupos. Cada grupo se pone detrás de un lado de la pizarra.

Paso 2: Os doy una palabra. Vuestra tarea es encontrar una nueva palabra con la última letra. Escribidla en la pizarra y después id al fin de la cola. Después la siguiente persona escribe una palabra nueva en la pizarra, etc.

Paso 3: El grupo con la serpiente más larga después de 90 segundos gana. La palabra de hoy es __________.

Beispiel:

- *amiga-avión-novedad-dedo-oro-original-lástima-alredeor-reloj-jornada,* etc.

Weitere Ideen / Tipps:

- Es kann die Regel vereinbart werden, dass das jeweilige Team dem/der Lerner/-in, der an der Reihe ist,helfen darf.
- Es ist sinnvoll, bekannte Wörter auszuwählen, die bereits eingeführt wurden.
- Alternativ kann *Word Snake* auch mündlich im Plenum durchgeführt werden. Dazu empfiehlt es sich, einen kleinen Ball zu nutzen. Der- oder diejenige, der oder die den Ball hat, ergänzt ein Wort.

30. SORTEO DE PALABRA

Dauer	Sozialform	Fokus
5–8 min	Teamarbeit	Wortschatz

Ablauf:

Schritt 1: Die Schüler/-innen werden in fünf bis sechs Gruppen eingeteilt.

Schritt 2: Die Lehrkraft stellt ein Thema vor. Die einzelnen Gruppen müssen nun nacheinander jeweils einen passenden Begriff zum Thema nennen. Benötigt eine Gruppe jedoch länger als 5 Sekunden für die Antwort, so scheidet sie für diese Runde aus.

Schritt 3: Insgesamt werden mindestens vier Runden gespielt. Gewinner ist die Gruppe, die jeweils die meisten Punkte erzielt hat, das heißt in den einzelnen Runden jeweils als letzte übriggeblieben ist.

Lehrkraftanweisung:

Paso 1: Cada grupo (todos los miembros del grupo pueden decir algo) debe decir una palabra que pertenece al tema. Si un grupo necesita más de 5 segundos está fuera de esta ronda.

Paso 2: Contad de 1 a 4 para encontrar vuestro grupo. El tema de la primera ronda es __________.

Paso 3: Continuamos con la siguiente ronda y con el nuevo tema: __________.

Beispiel:

- *medios de transporte, razones por las que personas van de vacaciones, monumentos que se pueden visitar en Sevilla, trabajos que puedes hacer afuera,* etc.

Weitere Ideen / Tipps:

- Alternativ kann eine/-e Sprecher/-in für jede Gruppe bestimmt werden. Nur diese/-r darf für die gesamte Gruppe antworten. In diesem Falle können sich die Gruppenmitglieder vorher absprechen.
- Für eine induktive Bewusstmachung fehlerhafter Begriffe, kann der Arbeitsauftrag *¡Encuentra el error!* im Plenum gegeben werden.

31. PALABRAS EN EL AIRE

Dauer	Sozialform	Fokus
5–8 min	Partnerarbeit	Wortschatz

Ablauf:

Schritt 1: Die Lehrkraft gibt ein Thema vor, z. B. *fruta, cosas en el aula, deporte,* etc.

Schritt 2: Die Schüler/-innen arbeiten in Partnerarbeit. Dabei übernimmt eine Schülerin oder ein Schüler die Rolle als *escritor*, der oder die andere Schüler/-in die die Rolle als *adivinador*.

Schritt 3: Zum vorgegebenen Thema werden nun Wörter in die Luft geschrieben und vom Partner / von der Partnerin erraten. Danach wird getauscht.

Lehrkraftanweisung:

Paso 1: Muy bien, chicos. Escuchad. El tema es ___________.

Paso 2: Vais a trabajar juntos en parejas. Uno tras otro escribe una palabra conectada al tema en el aire. El compañero adivina la palabra.

Paso 3: Uno de vosotros es el escritor y el otro el adivinador. Cambiad de rol después de cada palabra.

Beispiel:

- *fruta, cosas en el aula, deporte, cosas que llevarías a una isla, medios de transporte, profesiones,* etc.

Weitere Ideen / Tipps:

- Teilen Sie den Lerner/-innen mit, dass generell nicht spiegelverkehrt geschrieben werden sollte, da dies den Schwierigkeitsgrad enorm erhöht.
- Es ist sinnvoll, Themen auszuwählen, zu denen der Wortschatz bereits eingeführt wurde.

32. ESCRIBE EN LA ESPALDA DE TU COMPAÑERO

Dauer	Sozialform	Fokus
~ 5 min	Teamarbeit	Wortschatz

Ablauf:

Schritt 1: Die Lehrkraft gibt ein bestimmtes Thema vor, z. B. *deporte, ir de compras, vacaciones*, etc.

Schritt 2: Die Lerner/-innen arbeiten in Partnerarbeit zusammen und schreiben Wörter aus dem genannten Wortfeld mit ihrem Finger auf den Rücken des jeweiligen Partners / der jeweiligen Partnerin.

Schritt 3: Die/der Partner/-in errät das Wort. Anschließend findet ein Rollenwechsel statt.

Lehrkraftanweisung:

Paso 1: Piensa en palabras que tienen algo que ver con __________.

Paso 2: Encuentra un compañero y escribe con el dedo una palabra en la espalda de tu compañero.

Paso 3: The partner guesses the word. Then swap the roles.

Beispiel:

- *animales, material escolar, vacaciones, amor, amistad, fruta y verdura, visita al médico, Madrid, México, deporte, moda*, etc.

Weitere Ideen / Tipps:

- Einige Schüler/-innen haben evtl. Probleme damit, sich gegenseitig zu berühren. Dies sollte bei der Festlegung der Partner/-innenwahl bedacht werden.
- Es ist sinnvoll, Themen auszuwählen, zu denen der Wortschatz bereits eingeführt wurde.